BEI GRIN MACHT SICH WISSEN BEZAHLT

Markus A. Wiemann

Test und Bewertung eines betriebswirtschaftlichen Anwendungssoftware-Systems

GRIN Verlag

Bibliografische Information der Deutschen Nationalbibliothek:

Die Deutsche Bibliothek verzeichnet diese Publikation in der Deutschen National-
bibliografie; detaillierte bibliografische Daten sind im Internet über http://dnb.d-
nb.de/ abrufbar.

Impressum:

Copyright © 2003 GRIN Verlag GmbH
Druck und Bindung: Books on Demand GmbH, Norderstedt Germany
ISBN: 978-3-640-85962-7

Dieses Buch bei GRIN:

http://www.grin.com/de/e-book/23043/test-und-bewertung-eines-betriebswirtschaft-
lichen-anwendungssoftware-systems

GRIN - Your knowledge has value

Der GRIN Verlag publiziert seit 1998 wissenschaftliche Arbeiten von Studenten, Hochschullehrern und anderen Akademikern als eBook und gedrucktes Buch. Die Verlagswebsite www.grin.com ist die ideale Plattform zur Veröffentlichung von Hausarbeiten, Abschlussarbeiten, wissenschaftlichen Aufsätzen, Dissertationen und Fachbüchern.

Besuchen Sie uns im Internet:

http://www.grin.com/

http://www.facebook.com/grincom

http://www.twitter.com/grin_com

Hochschule Niederrhein

Fachbereich Wirtschaftswissenschaften

Betriebswirtschaftliches externes Studium mit Präsenzphase

2. Prüfungsvorleistung

im Fach Betriebsinformatik II

„Test und Bewertung
eines betriebswirtschaftlichen
Anwendungssoftware-Systems"

vorgelegt von

Markus André Wiemann

Inhaltsverzeichnis

Gliederung

Abkürzungsverzeichnis

a.a.O. ....am angeführten Ort

Abb. ....Abbildung

AS ....Anwendungssoftware-System

Aufl. ....Auflage

H. ....Heft

IEEE........Institute of Electrical and Electronics Engineers

insb. ....insbesondere

IS.............Informationssystem

IT ....Informationstechnik

Jg. ....Jahrgang

LGAS.......Lohn- und Gehaltsabrechnungssoftware-System

s. ....siehe

S. ....Seite

SLA.........Service-Level-Agreement

sog. ....so genannt

Vgl. . ...Vergleiche

z. Zt. ....zur Zeit

Abbildungsverzeichnis

1. Einleitung

In unserer heutigen Gesellschaft ist der Einsatz von Computersystemen nicht mehr wegzudenken. Im Gegenteil: Computersysteme dringen mehr und mehr in alle Bereiche unseres Lebens vor.

Für den Betrieb von Computern kommt dabei der Software eine Schlüsselrolle zu. Sie ist, durch den Mikroprozessoreinsatz bedingt, ein wesentlicher Bestandteil industrieller Produkte und Anlagen, ein unverzichtbares Hilfsmittel in der Verwaltung, in Banken und im Versicherungswesen, im Handel sowie in anderen Branchen.[1] Es ist zu beobachten, dass die Abhängigkeit des Einzelnen von Software-Systemen ständig zunimmt. Besonders in Bereichen wie z.B. Verkehr, Flugsicherung, Medizintechnik oder Energiewesen bestimmt die Software maßgeblich Sicherheit und Leben.

Mit dem Wachstum der Programme und der zunehmenden Komplexität der Softwaresysteme steigt die Anzahl der Software-Fehler und –Mängel. Dies wiederum lässt die Anforderungen an die Qualitätssicherung wachsen.

1.1. Problemstellung

Es lassen sich etliche Beispiele anführen, dass mangelnde Softwarequalität maßgeblich zu Schäden beigetragen hat[2]. Solche spektakulären Fälle mit zum Teil katastrophalen Folgen sind *eine* Facette mangelnder Softwarequalität. Eine *andere* Facette sind die vielen Fehler, die sich in Betriebsystemen und Anwendungssoftware-Systemen (AS) verbergen. Obwohl diese Fehler nur selten spektakuläre Folgen haben, sind ihre Auswirkungen – volkswirtschaftlich gesehen – ebenfalls erheblich. Dieser Umstand wird schnell deutlich, wenn errechnet wird, wie viele Arbeitsstunden alleine in Deutschland an einem Tag dadurch verloren gehen, dass Benutzer nach Softwareabstürzen ihre Systeme neu starten und dabei eventuell Daten neu eingeben müssen.

Um die Qualität der Software zu verbessern, werden in der Praxis verschiedene Softwaretests durchgeführt, die helfen sollen, Schwachstellen und Fehler frühzei-

---

[1] Vgl. Wallmüller, Ernest: Software-Qualitätssicherung in der Praxis, München 1990, S. 1
[2] Vgl. Thaller, Georg Erwin: Software-Test – Verifikation und Validation, 2. Aufl., Hannover 2002, S. 4 f.

tig zu erkennen und zu beseitigen.

Im Rahmen dieser Ausarbeitung soll ein Überblick über generelle Methoden und Vorgehensweisen zum Testen und Bewerten von AS gegeben werden.

1.2. Gang der Untersuchung

In Kapitel zwei werden zunächst die Grundlagen des Software-Tests vorgestellt. Dazu wird erläutert, was unter Software-Qualität und dem Testen von Software zu verstehen ist. Darauf aufbauend werden in Kapitel drei verschiedene Methoden zum Testen von Software aufgezeigt. Kapitel vier beinhaltet eine Fallstudie, die beschreibt, wie eine Lohn- und Gehaltsabrechnungs-Software getestet und bewertet wird.

2. Grundlagen

2.1. Software-Qualität

Unternehmen, die ihre wirtschaftliche Stellung am Markt sichern und weiter ausbauen wollen, benötigen Informationssysteme (IS), die sie dabei unterstützen. Sie sind folglich auf funktionsfähige und fehlerfreie Software angewiesen.

Da 70 bis 80 Prozent der Wertschöpfung eines Unternehmens auf Eigenschaften basieren, die durch die Software möglich sind[3], stellt die Qualität von Software ein entscheidendes Kriterium dar.

Zur Beantwortung der Frage, was Software-Qualität ist, finden sich in der Literatur Ansätze, die versuchen, den Begriff Qualität durch Umschreibungen zu verdeutlichen[4] und eine Reihe von Versuchen, den Begriff Qualität zu definieren.

Die **Deutsche Industrie-Norm** (DIN 55350, Teil 11) definiert Qualität allgemein wie folgt:

---

[3] Vgl. Software-Entwicklung: Qualität ist Trumpf. In: Informationweek, H. 13 vom 10.06.1999, S. 24

[4] Vgl. Garvin, D.A.: What does Product Quality Really Mean?. In: Sloan Management Review, Fall 1984, S. 25-43

„Qualität ist die Gesamtheit von Eigenschaften und Merkmalen eines Produkts oder einer Tätigkeit, die sich auf deren Eignung zur Erfüllung gegebener Erfordernisse bezieht."

Nach **ISO 9000 Standard** ist Software-Qualität als „the totality of characteristics of an entity that bear on its ability to satisfy states or implied needs" definiert. Im Rahmen dieser Ausarbeitung wird Software-Qualität definiert als *„die Gesamtheit von Merkmalen und Merkmalswerten eines Software-Produktes, die sich auf dessen Eignung beziehen, festgelegte oder vorausgesetzte Erfordernisse zu erfüllen".*[5]

2.1.1. Qualitätssicherung des Software-Entwicklungsprozesses

Die Entwicklung und Pflege von AS erfordert ein umfangreiches Ausmaß an Ressourcen (Zeit, Personal, finanzielle Mittel). Um die beabsichtigten Ziele zu erreichen und die Planung zu erfüllen, müssen die Ressourcen nach dem ökonomischen Prinzip verbraucht werden. Daher wurden in der Vergangenheit verschiedene Phasenmodelle entwickelt, um die Erstellung und Pflege von AS in geordneten Stufen abzuwickeln.[6] Zu den bekanntesten Modellen zählen das Wasserfall-Modell und das V-Modell.

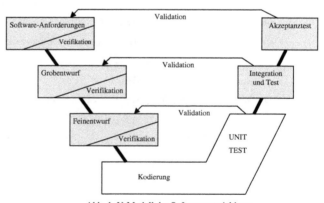

Abb. 1: V-Modell der Softwareentwicklung

---

[5] Vgl. Hohler, B.: Zertifizierung und Prüfung von Softwareprodukten. In: Copers – Computergestützte Personalarbeit, H. 2, 1994, S. 48
[6] Vgl. Thaller, Georg Erwin, a.a.O., S. 21 f.

Nachfolgend soll das V-Modell (vgl. Abb. 1) vorgestellt werden. Es handelt sich hierbei um ein Wasserfall-Modell, bei dem die verschiedenen Phasen anders dargestellt sind.

Unter **Verifikation** versteht man die Überprüfung eines Softwareproduktes am Ende einer Phase gegen vorgegebene Anforderungen, einen Standard oder die Ergebnisse der vorhergehenden Phase. Es wird also überprüft, ob das Produkt richtig ist. Bei **Validation** handelt es sich dagegen um die Prüfung der Frage, ob ein Softwareprodukt seinen Anforderungen gerecht wird, also ob das richtige Produkt erstellt worden ist.

Die Methode der Verifikation ist eher für den Entwickler geeignet, weil er detaillierte Produktkenntnisse vorweisen kann. Bei der Validation hingegen stellt sich der Tester auf den Standpunkt des Kunden und der Benutzer.

2.1.2. Qualitätssicherung des Software-Produktes

Bei der Qualitätssicherung des Software-Produktes erfolgt die Qualitätsprüfung am Ende des Software-Erstellungsprozesses und bezieht sich auf dessen Güte. In der ISO 9126-Norm werden unterschiedliche Merkmale definiert, anhand derer sich die Software-Qualität bestimmen lässt:

Qualitätsmerkmal	Kurzbeschreibung
Funktionalität	Vorhandensein von Funktionen mit festgelegten Eigenschaften. Diese Funktionen erfüllen die definierten Anforderungen.
Zuverlässigkeit	Fähigkeit der Software, ihr Leistungsniveau unter festgelegten Bedingungen über einen festgelegten Zeitraum zu bewahren.
Benutzbarkeit	Aufwand, der zur Benutzung erforderlich ist, und individuelle Beurteilung der Benutzung durch eine festgelegte oder vorausgesetzte Benutzergruppe.
Effizienz	Verhältnis zwischen dem Leistungsniveau der Software und dem Umfang der eingesetzten Betriebsmittel unter festgelegten Bedingungen.
Änderbarkeit	Aufwand, der zur Durchführung vorgegebener Änderungen erforderlich ist. Änderungen können Korrekturen, Verbesserungen oder Anpassungen an Änderungen der Umgebung, der Anforderungen und der funktionalen Spezifikationen einschließen.
Übertragbarkeit	Eignung der Software, von einer Umgebung in eine andere

	übertragen zu werden. Der Begriff Umgebung kann hier die organisatorische Umgebung, sowie Hardware- oder Softwareumgebung einschließen.

Abb. 2: Qualitätsmerkmale nach der ISO 9126-Norm

2.2. Software-Test

Um die Qualität von Software-Produkten sicherzustellen werden Software-Tests durchgeführt. Jedoch wurden in der Vergangenheit Software-Tests nur unzureichend durchgeführt. Die Ursache lag in der Verwendung einer falschen Definition des Begriffes „Testen".[7]

Myers definiert das Testen von Software wie folgt: *„Testen ist der Prozess, ein Programm mit der Absicht auszuführen, Fehler zu finden."*[8]

Unter einem Fehler wird jegliche Abweichung in Inhalt, Aufbau und Verhalten eines Testobjekts zwischen ermittelten, beobachteten, gemessenen Daten einerseits und den entsprechenden, in den Zielvorgaben spezifizierten oder theoretisch gültigen Daten andererseits verstanden (DIN 44300).

Die durch Testen erkennbaren Fehler beschränken sich auf bestimmte Fehler in den Eigenschaften der Software, z.B. Fehler in der Funktionalität. Bei Software-Tests wird nur festgestellt, ob Fehler vorhanden sind und wie sie sich gegebenenfalls zeigen. Es wird keine Lokalisierung der Fehler vorgenommen.

Die gezielte Suche nach Fehlern in Software-Programmen setzt den Ausschluss jeglicher Vermutungen voraus, so dass jedes kleinste Detail von dem Tester überprüft werden kann. Vermutungen würden nur verhindern, existierende Fehler in Programmen zu entdecken.

3. Methoden zum Testen von Software

Die Qualitätssicherung wird generell in produktive und analytische Qualitätssicherung unterteilt, wobei alle Maßnahmen, die das Produkt verbessern zur **pro-**

---

[7] Vgl. Myers, Glenford J.: Methodisches Testen von Programmen, 5. Aufl., München 1995, S. 3
[8] Ebenda, S. 4

5

duktiven Qualitätssicherung und alle Maßnahmen, die die erreichte Qualität abprüfen zur **analytischen Qualitätssicherung** gehören.[9]

Aufgrund der Vielzahl von Methoden zum Testen der Software werden im Folgenden nur die bedeutsamen Test-Methoden der analytischen Qualitätssicherung vorgestellt. Einen Überblick über die Verfahren der analytischen Qualitätssicherung gibt Abb. 3.

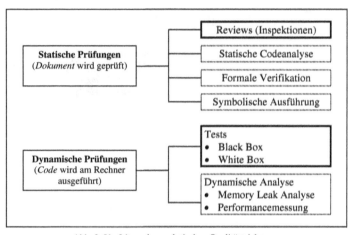

Abb. 3: Verfahren der analytischen Qualitätssicherung

3.1. Reviews

In Anlehnung an die IEEE-Norm 729-1983 (Glossary of Software Engineering Terminology) handelt es sich bei einem Review um einen mehr oder weniger formalisierten Prozess zur Überprüfung von schriftlichen Dokumenten durch Gutachter. Reviews liegt der Grundgedanke zugrunde, dass Software-Entwicklung und –Pflege in hohem Maß ein Dokumentationserstellungs- und -pflegeprozess ist. Daher sollte jedes Dokument in irgendeiner Form überprüft werden. Reviews bieten die beste Möglichkeit, für die im Entwicklungsprozess bestehenden informellen Dokumentationen Mängel und Abweichungen von Qualitätsvorgaben festzustellen.

---

[9] Vgl. Rätzmann, Manfred: Software-Testing:
http://www.dfpug.de/buecher/galileo/pdf/galileocomputing_software_testing.pdf, 01.04.2003

3.2. Black-Box-Test

Beim Black-Box-Test (auch datengetriebenes oder Ein-/Ausgabe-Testen) wird ein Programm mit einer stichprobenartig ausgewählten Menge von Eingabewerten ausgeführt und getestet (vgl. Abb. 4). Dabei betrachtet der Tester das Programm als Black-Box, d.h. der Tester verwendet das Programm ohne Kenntnisse von der internen Struktur. Er ist nicht an dem internen Verhalten und an der Struktur des Programms interessiert, sondern an der Aufdeckung von Abweichungen zwischen Programm und Spezifikationen.

Abb. 4: Black-Box-Test

3.3. White-Box-Test

Beim White-Box- oder logischorientierten Test (vgl. Abb. 5) hingegen wird die interne Struktur des Programms untersucht. Bei dieser Strategie werden vom Tester die Testdaten mit Kenntnis der Programmlogik definiert. Die Auswahl der Testfälle richtet sich nach Ablaufmöglichkeit des Programms.

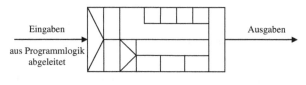

Abb. 5: White-Box-Test

4. Fallstudie:
Test und Bewertung einer Lohn- und Gehaltsabrechnungs-Software

Die Voraussetzungen und die Vorgehensweise zum Testen und Bewerten von AS soll anhand eines fiktiven Unternehmens vorgestellt werden.

4.1. Vorstellung des fiktiven Unternehmens

Die ITS GmbH ist als mittelständisches Unternehmen mit ca. 1.500 Mitarbeitern an sechs Standorten auf der Suche nach einem neuen Lohn- und Gehaltsabrechnungssoftware-System (LGAS), da das alte LGAS das Ende seines Lebenszyklus erreicht hat. Es wurde vom Hersteller abgekündigt; Betrieb und Wartung sind nicht mehr sichergestellt. Der Abteilungsleiter der Personalabteilung hat den Auftrag erhalten, ein neues LGAS zu finden und im Unternehmen einzusetzen.

4.2. Pflichtenheft

Bevor ein detaillierter Software-Test durchgeführt werden kann, müssen die betriebswirtschaftlichen und technischen Anforderungen an die spätere Software schriftlich festgelegt werden. Dies erfolgt im sog. **Pflichtenheft**. Im Anfangsstadium ist das Pflichtenheft zunächst grob und muss im Verlauf des Auswahlprozesses noch ergänzt und verfeinert werden. Als grundlegendes Dokument für alle nachfolgenden Phasen der Projektabwicklung besteht der Nutzen des Pflichtenheftes in der systematischen, schriftlichen Zusammenstellung aller Anforderungen und schützt den Anwender vor Enttäuschungen und den Software-Ersteller vor Überraschungen.
Das Pflichtenheft kann die folgende Gliederung aufweisen:[10]

4.2.1. Porträt des Auftraggebers

Ersteller des Pflichtenhefts und Ansprechpartner im Unternehmen ist Rudolf Scholz, Abteilungsleiter Personalabteilung der ITS GmbH.
Als leistungsstarker und innovativer IT-Dienstleister mit ca. 1.500 Beschäftigten an sechs Standorten betreibt die ITS GmbH Rechenzentren, betreut Netze und entwickelt Komplett-Services für mittelständische Unternehmen.

---

[10] Vgl. Mülder, Wilhelm: Grundkurs Wirtschaftsinformatik, 4. Aufl., Braunschweig 2002, S. 278

4.2.2. Ausgangssituation

4.2.2.1. Anwendungsbereiche

Das neue LGAS wird hauptsächlich in der Personalabteilung eingesetzt werden.

4.2.2.2. Anwendergruppen

Zukünftige Anwender des Software-Pakets werden alle Mitarbeiter der Personal-abteilung sein.

4.2.2.3. Organisatorische und technische Gegebenheiten

Die IT-Landschaft des Unternehmens ist weitestgehend heterogen, d.h. es kommen unterschiedliche Systeme zum Einsatz, die auf eine gemeinsame Datenbasis zugreifen.

4.2.3. Ziele aus Anwendersicht

4.2.3.1. Zwingende Ziele

Das LGAS muss in der Lage sein, die folgenden Funktionen bzw. Aufgaben zu unterstützen:

- Erfüllung der Anforderungen nach Pünktlichkeit, Flexibilität und Fachwissen.
- Schnelle und einfache Durchführung der Lohn- und Gehaltsabrechnungen unter Berücksichtigung der individuellen Anforderungen.
- Pünktliche Überweisung der Löhne und Gehälter auf die Konten der Mitarbeiter.
- Eine Reihe von Auswertungsmöglichkeiten (monatliche, jährliche, individuelle) sollen als Basis für weitreichende Unternehmensentscheidungen dienen. Die tägliche Auswertung von Kostenstellen und Personalkosten soll eine schnelle Reaktion auf geschäftsrelevante Abläufe ermöglichen.

- Anwenderfreundlichkeit, d.h. das LGAS muss einfach zu bedienen sein. Hilfe-texte zu jedem Datenfeld sollen die Mitarbeiter bei der täglichen Arbeit unter-stützen.

4.2.3.2. Wünschenswerte Ziele

- Wünschenswert ist der WEB-Browser-basierte Zugriff auf den Datenbestand des LGAS.
- Nach Möglichkeit sollte das LGAS den Software-ergonomischen Kriterien nach ISO-Norm 9241-10 entsprechen.

4.2.4. Hardware-Anforderungen

Wegen der heterogenen IT-Landschaft im Unternehmen muss das zukünftige Software-Paket unter den Betriebssystemen Microsoft Windows NT, 2000 und XP lauffähig sein. Damit die Anbindung an das bestehende Zeiterfassungs-System weiterhin gewährleistet ist, muss die Software in der Lage sein, innerhalb einer auf dem TCP/IP-Protokoll basierenden Client/Server-Systemlandschaft auf eine DB/2-Datenbank, die auf einem OS/2-Zeiterfassungserver liegt, zuzugreifen.

4.2.5. Leistungsumfang der Anwendungssoftware

4.2.5.1. Einzelfunktionen

- Der Zugang zum System muss passwortgeschützt sein.
- Mehrplatzfähigkeit.
- Lohnkontenführung für jeden Arbeitnehmer.
- Sonderroutinen für Aushilfen, geringfügig Beschäftigte und Lohnpfändung, Darlehn.
- Berücksichtigung von Teillohnzahlungszeiträumen.
- Berücksichtigung von Altersteilzeit.
- Berücksichtigung von Rückstellungen.

10

- Erfassung von Direktversicherungen.
- Erfassung von Sonn-/ Feiertags- und Nachtzuschlägen.
- Realisierung verschiedener Arbeitszeitmodelle.
- Überstundenermittlung und automatische Zuschlagsberechnung.
- Automatische Verwaltung von Freizeitkonten.
- Verwaltung und Ermittlung von Ausfall- / Fehlzeiten.
- Automatische Ermittlung von Zuwendungen (z.B. Urlaubsgeld, Weihnachtsgeld).
- Realisierung verschiedener Tarifverträge.
- Urlaubsverwaltung, mit der komfortabel Urlaub, Krankheit und sonstige Abwesenheitszeiten dokumentiert und verarbeitet werden können.
- Hochrechung von Netto- auf Bruttolohn.
- Automatischer Lohnsteuerjahresausgleich.
- Berechnung der Löhne und Gehälter, Erstellung, Speicherung und Ausdruck der Lohn- und/oder Gehaltsabrechnungen auf Blanko-Papier.
- Druck eines monatlichen Lohnjournals auf Blanko-Papier.
- Erstellung und Druck der Lohnsteueranmeldungen und Lohnsteuer-Jahresbescheinigung (nachrichtlich).
- Diskettenclearing mit Banken und Krankenkassen.
- Integration des sozialversicherungsrechtlichen Beitragseinzugs- und Meldeverfahrens, einschließlich Datenträgeraustausch (DEÜV).
- Übergabe der Lohn- und Gehaltsabrechnungsdaten an die Finanzbuchhaltung.
- Durchführung von Standardauswertungen.
- Meldung an Berufsgenossenschaften.
- Jederzeit abrufbare Hilfedateien zu den einzelnen Eingabefeldern.

4.2.5.2. Benutzungsoberfläche

Die Benutzungsoberfläche soll den Software-ergonomischen Kriterien nach ISO-Norm 9241-10 entsprechen. Dies ist gewährleistet, wenn folgende Kriterien erfüllt sind:[11]

---

[11] Vgl. Mülder, Wilhelm, a.a.O., S. 64

Kriterium	Erläuterung
Aufgabenangemessenheit	Der Benutzer wird bei seiner Aufgabenerledigung effektiv (in Bezug auf Genauigkeit und Vollständigkeit) und effizient (in Bezug auf das Verhältnis von Kosten und Nutzen) unterstützt.
Selbstbeschreibungsfähigkeit	Jeder einzelne Dialogschritt ist dem Benutzer unmittelbar verständlich (durch das Dialogsystem oder auf Anfrage).
Steuerbarkeit	Der Benutzer ist in der Lage, den Dialogablauf zu starten und zu steuern.
Erwartungskonformität	Die Dialoge sind konsistent und entsprechen den Erwartungen (Kenntnisse, Ausbildung, Erfahrungen) des Benutzers.
Fehlertoleranz	Fehlerhafte Eingaben werden entweder mit keinem oder mit minimalem Korrekturaufwand seitens des Benutzers korrigiert.
Lernförderlichkeit	Das Dialogsystem unterstützt und leitet den Benutzer bei seiner Erlernung an.
Individualisierbarkeit	Das Dialogsystem kann an die speziellen Erfordernisse der Arbeitsaufgabe sowie an die individuellen Fähigkeiten und Vorlieben des Benutzers angepasst werden.

Abb. 6: Software-ergonomische Kriterien

4.2.5.3. Schnittstellen

Das neue LGAS muss mit offenen und flexiblen Schnittstellen ausgerüstet sein, um

1. auf die DB/2-Datenbank des bestehenden Zeiterfassungs-Systems zugreifen zu können,

2. auf die Datenbanken des Personalmanagement- und Finanzbuchhaltungsprogrammes zugreifen zu können und

3. Informationen und Daten mit anderen Software-Produkten austauschen zu können (z.B. Microsoft Office, Lotus Notes etc.).

4.2.6. Randbedingungen

4.2.6.1. Mengengerüst

Der Umfang der zu verarbeitenden Daten bezieht sich auf die 1.500 im Unternehmen beschäftigten Mitarbeiter. Darin enthalten sind fest angestellte Mitarbeiter, Mitarbeiter auf Teilzeitbasis, Beschäftigte in Mutter- bzw. Vaterschaftsurlaub, Auszubildende, Werkstudenten und Praktikanten. Darüber hinaus werden freie Mitarbeiter beschäftigt.

4.2.6.2. Gesetzliche Vorschriften

Es ist sicherzustellen, dass die neue Software flexibel an gesetzliche Änderungen und geänderte Rechtssprechungen ohne größeren Aufwand angepasst werden kann.

4.2.6.3. Terminvorgaben

Das neue LGAS soll das alte LGAS per 31.12.2003 ablösen. Zuvor soll im Rahmen einer am 01.09.2003 beginnenden Pilotinstallation ein Parallelbetrieb beider Systeme (alt und neu) erfolgen.

4.2.6.4. Konditionen

Für das Projekt steht ein Budget von 6.000 € zur Verfügung. Davon müssen gedeckt werden:
1. Kosten für die Ist-Analyse und Pflichtenheft-Erstellung,
2. Software-Auswahl,
3. Schulung aller mit der Lohn- und Gehaltsabrechnung betrauten Mitarbeiter,
4. Installation und Konfiguration der Software,
5. Einführungsbetreuung.

4.2.6.5. Systemverfügbarkeit

Das System muss montags bis freitags in der Zeit von 07:00 Uhr bis 20:00 Uhr verfügbar sein. Wartung und Support werden in gesonderten Service-Level-Agreements (SLA) geregelt.

4.3. Software-Test

Im Rahmen des Software-Auswahl-Prozesses wird nach Erstellung des Pflichtenhefts eine Markterhebung durchgeführt und mögliche Software-Produkte herausgefiltert. Um einen genauen Vergleich zwischen den am Markt zahlreich vorhandenen Software-Paketen für Lohn und Gehalt[12] durchführen zu können, müssen aus dem Pool der in Frage kommenden Software-Produkte diejenigen eliminiert werden, bei denen festgelegt K.O.-Kriterien[13] erfüllt sind. Als Ergebnis der Vorselektion verbleibt eine überschaubare Anzahl von Software-Produkten, die im Detail miteinander zu vergleichen sind.

4.3.1. Informationen über Firma und Produkte

Hersteller des zu testenden Software-Produktes ist die Exact Software Deutschland GmbH & Co. KG, ein marktführender Anbieter innovativer Buchhaltungs-, Gehalts-, CRM-, ERP-, und E-Business-Lösungen.[14]

Seit der Gründung im Jahre 1984 ist Exact mit weltweit mehr als 1.900 Mitarbeitern zu einem der wichtigsten Unternehmen im Bereich von Softwarelösungen für mittelständische und größere sowie international agierende Unternehmen geworden. Seit 1994 auf dem deutschen Markt präsent, hat Exact inzwischen Niederlassungen nicht nur in Europa. Auch im Mittleren Osten, in Afrika, Süd- und Nordamerika und Asien ist Exact Software aktiv. Die Lösungen von Exact sind in 30 Sprachen verfügbar.

Der Stammsitz des Unternehmens befindet sich in Delft, Niederlande. Die Exact Holding N.V. ist seit Juni 1999 als EXACT im "Official Market of Euronext Amsterdam Stock Exchanges" registriert.

Im Bereich der Lohn- und Gehaltsabrechnungssoftware-Systeme bietet Exact Software das Produkt „LOHN XL/XXL" in zwei Versionen an: Einer Standard-Version, die nahezu alle praxisrelevanten Fälle abdeckt, und einer PLUS-Variante, die alle tariflichen Besonderheiten des Öffentlichen Dienstes und Baugewerbes berücksichtigt.

---

[12] Vgl. Aktuelle Marktübersicht – Software für Lohn und Gehalt vom 01.04.2003, http://www.softguide.de/software/lohn-und-gehalt.htm
[13] z.B. Seriosität des Software-Anbieters, derzeitige Lebenszyklus-Phase der Software, Installationsvoraussetzungen der Software, Erfüllung der fachlichen und technischen Grundvoraussetzungen, Preiskategorie des Produktes.
[14] Vgl. http://www.soft-research.de/docs/BPWebSite.asp

Im Folgenden wird der Software-Test exemplarisch für die Standard-Version „LOHN XL/XXL" durchgeführt.

4.3.2. Test der Demo-Software „LOHN XL/XXL"

Nach einer Einzelplatzinstallation und anschließendem Start von LOHN XL/XXL erscheint das Hauptfenster (vgl. Abb. 7).

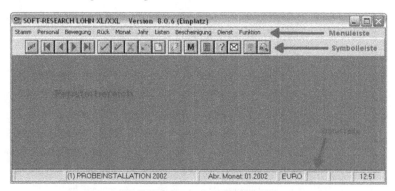

Abb. 7: Hauptfenster von LOHN XL/XXL

Um den Passwortschutz zu aktivieren, muss vor dem Start der Anwendung die Benutzerverwaltung (vgl. Abb. 8) aufgerufen werden.

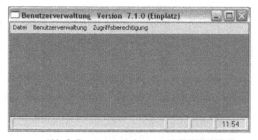

Abb. 8: Benutzerverwaltung von LOHN XL/XXL

Dort muss zunächst der Administrator des Systems festgelegt werden, der das System verwaltet und über sämtliche Berechtigungen verfügt. Im Anschluss daran können weitere Benutzer angelegt werden. Darüber hinaus erfolgt innerhalb der Benutzerverwaltung die Zuordnung zu Gruppen und Mandanten (komplett oder

nur Teilbereiche) und die Vergabe von Rechten (Gruppen- oder Benutzerbezo-
gen).

Nach Abschluss der Benutzerverwaltung und Neustart des LGAS ist der Passwortschutz aktiviert und der Zugriff auf das System nur noch mit einem gültigen
Benutzernamen und einem Passwort möglich (vgl. Abb. 9).

Abb. 9: Aktivierter Passwortschutz

Wurde die Autorisierung erfolgreich durchgeführt, erscheint das Hauptfenster
(vgl. Abb. 7) von LOHN XL/XXL, bestehend aus

- einer **Menüzeile** mit den Menüpunkten
  - *Stamm* (Erfassung von Firmendaten, Krankenkassen, Lohnarten,
    Zeitverwaltung, Tarifgrundlagen etc.),
  - *Personal* (Daten zur Person, Abrechnungsgrundlagen, Arbeitszeiten, Ur-
    laub/Fehlzeiten etc.),
  - *Bewegung* (Lohndaten, Schnellerfassung, Abrechungstage, Kalendarium
    etc.),
  - *Rück* (Rückrechnungen der Personal- und Bewegungsdaten),
  - *Monat* (Durchführung der Monatsabrechnung),
  - *Jahr* (Lohnsteuerkarten, Jahreslohnkonten, Jahreslisten etc.),
  - *Listen* (Ausdruck diverser Listen, z.B. Stammdaten, Personaldaten,
    Freizeitkonten etc.),
  - *Bescheinigungen* (Ausdruck von Arbeitgeber- und Arbeitnehmerbescheini-
    gungen),
  - *Dienst* (Pflege von Personaldaten und Mandanten, Tariferhöhungen, Daten
    Import/-Export etc.),
  - *Funktion* (Hilfefunktionen, Dokumentationen, Mandantenwechsel, Naviga-
    tion innerhalb der Datenbank),

- einer **Symbolleiste** für den Schnellzugriff auf wichtige Funktionen,
- einem **Fensterbereich**, in dem – je nach Funktionsauswahl – verschiedene Dialogfenster erscheinen
- und einer **Statuszeile** am unteren Bildschirmrand.

Nachteilig am Hauptfenster ist der Umstand, dass der noch zunächst unkundige Benutzer alleine gelassen wird, wenn es um die Einrichtung und den Aufbau des neuen LGAS geht. Eine Anleitung bzw. einen Assistenten, in welcher Reihenfolge das System am sinnvollsten eingerichtet wird, gibt es nicht. Zwar hat er die Möglichkeit über die Hilfe-Funktion Informationen zu erhalten, jedoch beschränken sich diese auf Informationen zu den einzelnen Menü- und Dialogfeldern, auf einen alphabetischen Index, auf eine Hilfe zur Hilfe-Funktion und auf Dokumentationen zu bestimmten Sachthemen wie z.B. Altersteilzeit, geringfügig Beschäftigte, Monatslohn, Mutterschutz etc.

Am Beispiel der Erfassung eines neuen Mitarbeiters soll verdeutlicht werden, wie die Anwendung in der Praxis zu handhaben ist und wo seine Stärken und Schwächen liegen.

Um einen neuen Mitarbeiter im System anzulegen, gibt es zwei Möglichkeiten:

1. durch Anwahl einzelner Funktionen des Menüpunktes Personal, wobei der Erfasser selbst entscheiden kann, wann welche Dialogfenster durchlaufen werden um alle relevanten Informationen zu erfassen (z.B. Daten zur Person, Bankverbindung, Stellenbeschreibung, Arbeitszeiten etc.),
2. durch Anwahl des Menüpunktes „Dienst / Pflege Personaldaten / Neuanlage Personalnummer". In dem daraufhin erscheinenden Dialogfenster (vgl. Abb. 10) muss zunächst die anzulegende Personalnummer eingetragen werden. Im Anschluss daran kann der Erfasser auswählen, welche Dialogfenster zur Erfassung herangezogen werden sollen. Die Erfassung ist erst dann abgeschlossen, wenn alle Dialogfenster durchlaufen worden sind.

Die Funktionalität und Bedienbarkeit aller Dialogfenster ist nahezu identisch und soll am Beispiel des Dialogfensters „Daten zur Person" veranschaulicht werden.

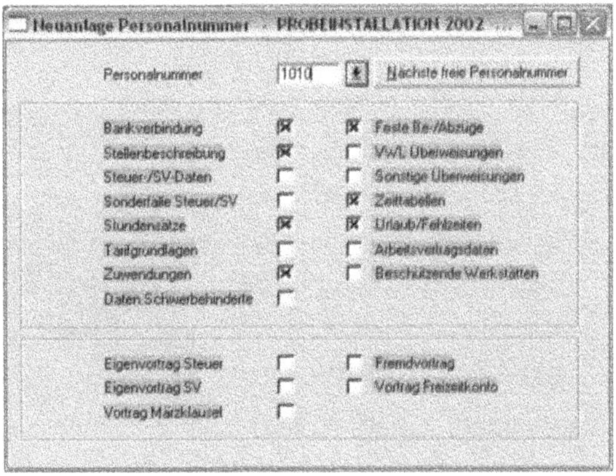

Abb. 10: Dialogfenster: "Neuanlage Personalnummer"

Im Dialogfenster „Daten zur Person" (vgl. Abb. 11) muss zunächst die Personalnummer eingegeben werden. Es lassen sich hier nur numerische Personalnummern im Bereich von 1 bis 999.999 eingeben. Die Eingabe alpha-numerischer
Personalnummern wie z.B. I0284711 oder SYS3453 ist nicht möglich.

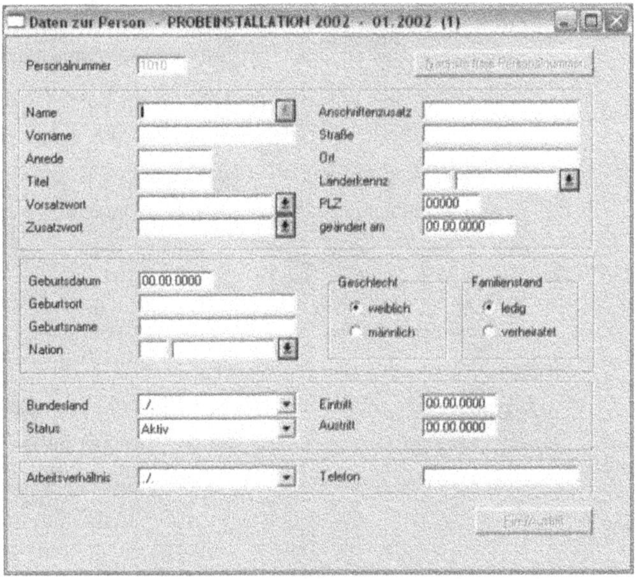

Abb. 11: Dialogfenster "Daten zur Person"

Ist der Benutzer sich bei der Eingabe eines Wertes nicht sicher oder benötigt er weitergehende Informationen, kann er über die Taste F1 auf die Online-Hilfe in Form von PDF-Dateien, die mit dem Programm Acrobat-Reader geöffnet werden, zugreifen. Einige Felder bieten zusätzlich so genannte Drop-Down-Buttons an. Über diese kann der Benutzer bestimmte Werte aus einer Liste auswählen und in das Datenfeld übernehmen.

Bei Eingaben in Datumsfelder werden diese auf ihre Gültigkeit hin überprüft (Gültigkeitsbereich: 01.01.1900 bis 31.12.9999) und der Benutzer wird bei Falscheingaben aufgefordert, die eingegebenen Werte zu korrigieren.

Andere Felder (z.B. Postleitzahl) werden ebenfalls auf ihren Datentyp (z.B. Zahl, Datum etc.) hin überprüft, jedoch wird nicht die Sinnhaftigkeit der Eingabe überprüft (z.B. ist die Eingabe der PLZ 11111 erlaubt).

Einen (bedientechnischen) Nachteil weisen alle Dialogfenster auf. Sämtliche Fenster beinhalten nicht die im Zeitalter des „Windows-Look-and-Feel" vertrauten Schaltflächen zum Speichern eines Datensatzes oder zum Abbrechen einer Aktion. Zum Speichern einer Änderung muss man außerhalb des Dialogfensters auf die in der Symbolleiste befindliche Schaltfläche „Satz speichern" klicken und anschließend das Dialogfenster manuell schließen.

Ebenso verhält es sich mit dem Ausdruck von Listen. Zunächst werden die zu druckenden Daten selektiert und eingegrenzt. Um den Ausdruck anzustoßen muss in der Symbolleiste die Schaltfläche „Ausführen" ausgewählt werden.

Diese Vorgehensweisen sind in der Einführungsphase verwirrend und irreführend, sie werden nicht einmal in der Online-Hilfe beschrieben.

4.3.3. Ergebnisse des Software-Tests

Die Ergebnisse des Software-Tests sind nachfolgend dokumentiert. Abb. 12 gibt Auskunft über den Funktionsumfang (Anzahl und Art der von der Software abgedeckten Teilaufgaben) und die Funktionsqualität (Güte der Funktionserfüllung, 1 = sehr gut, ..., 6 = sehr schlecht).

	Funktions-Umfang		Funktionsqualität					
	vorhanden	nicht vorhanden	1	2	3	4	5	6
Einzelfunktionen								
Passwortgeschützter System-Zugang	X				X			
Mehrplatzfähigkeit	X			X				
Lohnkontenführung für jeden Arbeitnehmer	X			X				
Sonderroutinen für Aushilfen, geringfügig Beschäftigte und Lohnpfändung, Darlehn	X				X			
Berücksichtigung von Teillohnzahlungszeiträumen		X						
Berücksichtigung von Altersteilzeit	X			X				
Berücksichtigung von Rückstellungen	X			X				
Erfassung von Direktversicherungen	X					X		
Erfassung von Sonn-/ Feiertags- und Nachtzuschlägen	X					X		
Realisierung verschiedener Arbeitszeitmodelle								
Überstundenermittlung und automatische Zuschlagsberechnung	X				X			
Automatische Verwaltung von Freizeitkonten	X						X	
Verwaltung und Ermittlung von Ausfall- / Fehlzeiten	X				X			
Automatische Ermittlung von Zuwendungen (z.B. Urlaubsgeld, Weihnachtsgeld)	X				X			
Realisierung verschiedener Tarifverträge	X			X				
Urlaubsverwaltung, mit der komfortabel Urlaub, Krankheit und sonstige Abwesenheitszeiten dokumentiert und verarbeitet werden können		X						
Hochrechung von Netto- auf Bruttolohn	X			X				
Automatischer Lohnsteuerjahresausgleich	X			X				
Berechnung der Löhne und Gehälter, Erstellung, Speicherung und Ausdruck der Lohn- und/oder Gehaltsabrechnungen auf Blanko-Papier	X			X				
Druck eines monatlichen Lohnjournals auf Blanko-Papier	X			X				
Erstellung und Druck der Lohnsteueranmeldungen und Lohnsteuer-Jahresbescheinigung (nachrichtlich)	X				X			
Diskettenclearing mit Banken und Krankenkassen	X					X		
Integration des sozialversicherungsrechtlichen Beitragseinzugs- und Meldeverfahrens, einschließlich Datenträgeraustausch (DEÜV)	X				X			
Übergabe der Lohn- und Gehaltsabrechnungsdaten an die Finanzbuchhaltung	X				X			
Durchführung von Standardauswertungen	X					X		
Meldung an Berufsgenossenschaften	X				X			
Benutzungsoberfläche								
Effektive und effiziente Unterstützung des Benutzers bei der Aufgabenerledigung		X						
Verständlichkeit jedes einzelnen Dialogschrittes	X						X	
Steuerbarkeit des Dialogablaufes	X				X			
Konsistente und den Erwartungen des Benutzers entsprechende Dialoge		X						
Fehlertolerante Dialoge	X				X			
Jederzeit abrufbare Hilfedateien zu den einzelnen Eingabefeldern	X		X					
Anpassungsfähigkeit des Dialogsystems an die speziellen Erfordernisse der Arbeitsaufgabe bzw. des Benutzers	X					X		
Schnittstellen								
Anbindung an das bestehende Zeiterfassungs-System		X						
Integration der Datenbanken des Personalmanagement-	X				X			

	Funktions-Umfang		Funktionsqualität					
	vorhanden	nicht vorhanden	1	2	3	4	5	6
und Finanzbuchhaltungsprogrammes								
Datenaustausch mit anderen Bürokommunikations-software-Produkten (z.B. MS Office, Lotus Notes etc.)		X						

Abb. 12: Funktionsumfang und Funktionsqualität der getesteten Software

4.3.4. Bewertung

Die Bewertung von Software-Produkten wird häufig mit Hilfe einer Nutzwert-analyse durchgeführt.[15] Sie hilft nicht zuletzt bei der Entscheidung zwischen zwei oder mehr Software-Produkten. Basierend auf dem Anforderungskatalog bzw. dem Pflichtenheft wird jede einzelne Frage nach ihrer Bedeutung für das Unter-nehmen prozentual gewichtet, wobei die Summe der Gewichtungspunkte 100% ergeben muss. Für die ausgewählten Software-Pakete werden anschließend Nutz-werte ermittelt und jedes Produkt hinsichtlich jedes einzelnen Kriteriums mit Punkten bewertet wird (z.B. 0 = nicht erfüllt, 3 = teilweise erfüllt, 8 = weitgehend erfüllt, 10 = voll erfüllt). Abschließend werden die vergebenen Punkte mit den zugehörigen Gewichten multipliziert. Die einzelnen Nutzwerte zusammenaddiert ergeben den Nutzwert für jedes einzelne Software-Paket (vgl. Abb. 13).

Kriterien	Gesamt	Gewicht		Alternative 1		Lohn XL/XXL	
	100	absolut	relativ	Punkte	Nutzen	Punkte	Nutzen
A. Funktionsumfang	25				1,44		1,86
Lohnkontoführung für jeden einzelnen Arbeitnehmer		10	0,015	5		8	
Berücksichtigung für Altersteilzeit		10	0,015	3		6	
Automatischer Lohnsteuer-jahresausgleich		20	0,03	6		8	
.		.	.	.	.	.	.
.		.	.	.	.	.	.
.		.	.	.	.	.	.
B. Benutzerfreundlichkeit	5				0,29		0,31
Erlernbarkeit		20	0,01	5		6	
grafische Oberfläche		60	0,03	8		6	
Hilfefunktionen		20	0,01	0		7	
.		.	.	.	.	.	.
.		.	.	.	.	.	.
.		.	.	.	.	.	.
G. Kosten	30				1,47		1,71
Kaufpreis/Mietpreis		70	0,21	4		5	

---

[15] Vgl. Mülder, Wilhelm, a.a.O., S. 297

21

Implementierungskosten		20	0,06	8		9	
Wartungskosten		10	0,03	5		4	
H. Vertragsgestaltung	10				0,39		0,58
Serviceleistungen		20	0,02	2		5	
zusätzliche Leistungen		10	0,01	2		5	
Garantieleistungen		30	0,03	3		9	
Übergabekondition		40	0,04	6		4	
Nutzwert					**5,11**		**5,95**

Abb. 13: Beispiel einer Nutzwertanalyse

5. Schlussbetrachtung

Im Rahmen des Software-Tests wurden objektiv messbare Kriterien wie z.b. Funktionsumfang und Funktionsqualität (vgl. Abb. 12) gemessen. Diese Kriterien dürfen bei der Entscheidung für oder gegen eine Software jedoch nicht alleine ausschlaggebend sein. Vielmehr müssen auch subjektive Kriterien (z.b. Nutzwertanalyse, Look-and-Feel, Erscheinungsbild der Anwendung etc.) in die Entscheidung miteinbezogen werden. Denn letztlich determiniert die Akzeptanz durch die Benutzer, also die Annahme und freiwillige Nutzung eine IT-Systems aus subjektiver Überzeugung und Zustimmung, die erfolgreiche Einführung eines neuen AS (vgl. Abb. 14).

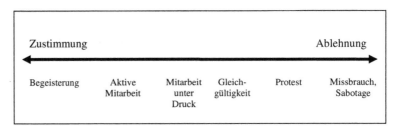

Abb. 14: Akzeptanz der Benutzer

Die Mitwirkung an der Einführung neuer IT und Softwareergonomie bilden daher wichtige Voraussetzungen für die Akzeptanz. Es gilt folglich, den Willen der Benutzer zur Benutzung neuer IT durch Motivation und Benutzerbeteiligung zu fördern.

Literaturverzeichnis

I. Bücher

Garvin, D.A.	What does Product Quality Really Mean?, Sloan Management Review, Fall 1984, S. 25-43
Mülder, Wilhelm	Grundkurs Wirtschaftsinformatik, 4. Aufl., Braunschweig 2002
Myers, Glenford J.	Methodisches Testen von Programmen, 5. Aufl., München 1995
Thaller, Georg Erwin	Software-Test – Verifikation und Validation, 2. Aufl., Hannover 2002
Wallmüller, Ernest	Software-Qualitätssicherung in der Praxis, München 1990

II. Aufsätze und Beiträge

Hohler, B.	Zertifizierung und Prüfung von Softwareprodukten. In: Copers – Computergestützte Personalarbeit, H. 2, 1994, S. 4-54
Ohne Verfasser	Software-Entwicklung: Qualität ist Trumpf. In: Informationweek, H. 13 vom 10.06.1999

III. Internet

Rätzmann, Manfred	Software-Testing: http://www.dfpug.de/buecher/galileo/pdf/galileocomputing_software_testing.pdf
Ohne Verfasser	http://www.soft-research.de/docs/BPWebSite.asp
Ohne Verfasser	http://www.softguide.de/software/lohn-und-gehalt.htm

www.ingramcontent.com/pod-product-compliance
Lightning Source LLC
La Vergne TN
LVHW042309060326
832902LV00009B/1379